Doing Business in Ethiopia:
Guida agli Investimenti – 2ª edizione
2023

A cura di
Avv. Nicola Spadafora
Console Onorario della Repubblica Federale
Democratica di Etiopia in Milano

con i contributi di
Kaitlyn Rabe - Vicepresidente e Direttore Generale,
Mondo Internazionale APS ETS
Francisco Ignacio Duran Herrera - Senior
Researcher, Mondo Internazionale G.E.O.
Economia
Andrea Marco Silvestri

CODICE ISBN: 9798386782344

Indice

Guida agli investimenti nella Repubblica Federale Democratica d'Etiopia

1.   Presentazione dell'Etiopia

1.1 Posizione geografica, popolazione ed aspetti demografici

La Repubblica Federale Democratica di Etiopia (RFDE) è collocata nel Corno d'Africa in una posizione strategica al crocevia tra Africa, Medio Oriente ed Asia e confina con Somalia, Sudan, Kenya, Eritrea e Gibuti. Ha una popolazione di oltre 117 milioni di abitanti (al 2021), con una densità di 103,4 per km² ed una superficie di 1,14 milioni di km² (più del triplo di quella italiana), di cui il 45% (circa 513.000 km²) costituita da terreno coltivabile. È divisa in 13 regioni autonome ed ha come capitale Addis Abeba (con circa 10 milioni di abitanti).

1.1.1 Gli aspetti etnici

L'Etiopia è un contesto assolutamente peculiare per una serie di fattori specifici derivanti sia dalla sua situazione geografica che sociale. La componente etnica, in particolare, rappresenta una serie di variabili decisamente legate alla struttura sociale del Paese da diversi punti di vista.

Il Paese si suddivide, infatti, da un punto di vista etnologico, in decine di etnie differenti, profondamente eterogenee sia per costumi, usanze, numeri e distribuzione sul territorio. Le differenze intrinseche presenti all'interno della composizione etnica etiope influenzano profondamente i meccanismi politici, sociali e di sviluppo del Paese oltre a condizionarne la politica estera, soprattutto nei confronti degli altri stati del Corno d'Africa.

L'Etiopia è una terra in cui convivono un gran numero
di etnie e popoli molto diversi tra loro. Prevalente è la
componente oromo con il 34,4% della popolazione. Al
secondo posto gli amhara, che rappresentano il 27%
della popolazione.

Esistono, poi, numerosi altri gruppi etnici significativi
per influenza sociopolitica e numeri, tra questi: il gruppo
somalo (6,2%), i tigrini (6,1%), i sidama (4%), i gurage
(2,5%), i welayta (2,3%), gli afar (1,7%), gli hadiya
(1,7%) e i gamo (1,5%). Sono presenti diversi altri
gruppi minoritari, con estensione demografica limitata:
tali gruppi rappresentano un buon esempio di come
l'essere umano sia sopravvissuto in epoche ancestrali
grazie alle capacità di adattamento e alla conoscenza del
territorio (*Ethiopian Census, 2007*).

Oltre alla popolazione autoctona, la popolazione etiope
si costituisce anche di una grande componente di
immigrati e rifugiati provenienti da altri paesi africani,
spesso afflitti da guerre annose e complesse come, ad
esempio, il Sudan.

Come molti paesi africani, anche l'Etiopia vanta una
popolazione media particolarmente giovane. Il grafico
che segue evidenzia, infatti, come circa il 40% della
popolazione attuale abbia un'età inferiore ai 14 anni.
Tale dato è particolarmente significativo per una serie di
fattori derivanti dal dato primario. Proprio in ragione di
una popolazione tanto giovane, l'Etiopia è stata in grado
di crescere in maniera profondamente significativa negli
ultimi decenni e, in particolar modo, negli ultimi anni.
Assieme alle numerose opzioni di sviluppo per il Paese
sono, però, sopraggiunte problematiche sociali che erano
molto meno opprimenti nel passato quasi
esclusivamente pastorale del Paese (*Levine, 2014*).

Lavoro minorile, malnutrizione, malattie e conflitti interni sono alcune delle problematiche che, tuttavia, affliggono la popolazione etiope. Gli interventi per contrastare queste complesse dinamiche sono sempre numerosi ogni anno e vengono adottati sia dalla società civile a livello locale che dalle grandi Organizzazioni Internazionali quali le Nazioni Unite e l'Unione Europea, tramite programmi e progetti bilaterali e multilaterali volti allo sviluppo umano secondo differenti approcci. Nonostante i costanti sforzi a livello interregionale per sanare tali dinamiche, in continua evoluzione, le agende di sviluppo non sono, però, ancora sufficienti a soddisfare i complessi bisogni di una popolazione profondamente eterogenea ed in continua crescita.

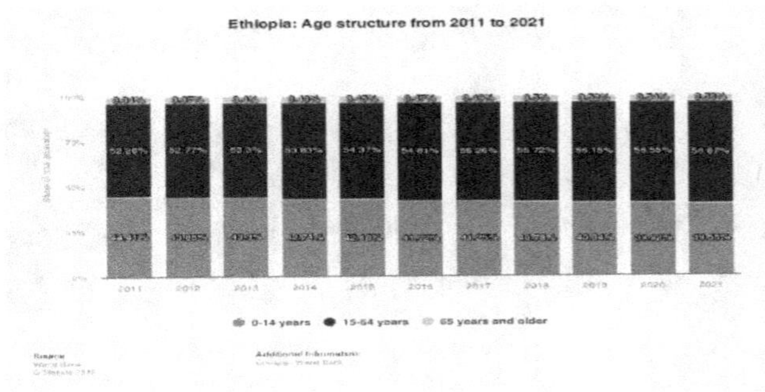

Figura 1: "Ethiopia: Age structure from 2011 to 2021", Statista 2022.

1.1.2 Aspetti sociali

La società etiope è basata su diversi aspetti non solo legati alla composizione etnica ma anche ai travagliati processi storico-sociali che il Paese ha affrontato negli ultimi secoli ed in particolare nel corso del 1900. Guerre, tentativi di colonizzazione, dissidi territoriali e complesse dinamiche politiche interne hanno portato l'Etiopia ad essere lo stato africano influente che è oggi. L'influenza estera, però, non è la sola eredità rimasta al Paese a seguito degli sviluppi del secolo scorso. Sono, infatti, ancora molti gli interrogativi e i dilemmi socio-economici che affliggono l'Etiopia nell'era contemporanea.

Fra i dati di rilevanza primaria nell'analisi demografica etiope vi è sicuramente la provenienza a livello di strato sociale fra le aree rurali e i nuclei urbani:

Ethiopia urban-rural (2018/19)

rural
79.0%

urban
21.0%

© Encyclopædia Britannica, Inc.

Figura 2: "Ethiopia urban-rural (2018/19)", Encyclopedia Britannica.

1.1.3 La religione

Come nella maggior parte delle società africane, e non solo, la religione gioca un ruolo significativo nell'assetto culturale del Paese. Cristianesimo ed islam rappresentano le due confessioni fondamentali presenti sul territorio ma anche molte altre religioni sono presenti: tra queste vi è anche l'ebraismo, che, tuttavia, ricopre una posizione minoritaria ed è praticata quasi unicamente dalla frangia di appartenenza Falascià (*Encyclopedia Britannica, 2012*).

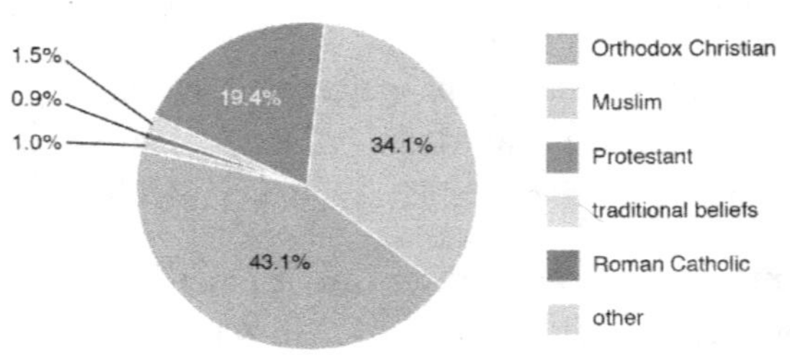

Figura 3: "Religious affiliation (2012)", Encylopedia Britannica

Le religioni tradizionali, naturalistiche ed animiste fanno da base imprescindibile per lo sviluppo religioso del resto delle pratiche. Nonostante le "religioni del libro" siano monoteiste ed ammettano nelle proprie dottrine dogmi di esclusività, tale condizione non impedisce alle popolazioni locali di praticare un connubio di due religioni coesistenti: una rivelata, da un lato, ed una tradizionale, dall'altro.

Questa particolare situazione religiosa, comune anche ad altri contesti africani e non, viene detta "appartenenza multipla" ed indica proprio la capacità di due religioni apparentemente incompatibili di coesistere (*Levine, 2014*).

La religione tradizionale, spesso vista come un *unicum* e ancora poco conosciuta a livello accademico, rappresenta in realtà una intricata costellazione di pratiche eterogenee dalla difficile analisi, che spesso non vengono valutate come elementi centrali della spiritualità di un paese.

L'appartenenza multipla consente al fedele di mescolare elementi tipici di una religione tradizionale, basati sull'immanenza spirituale e sui ritmi naturali, insieme a quelli del cristianesimo, dell'islam o dell'ebraismo.

Le percentuali ufficiali sulla ripartizione religiosa indicano, tuttavia, un dato falsato rispetto alle reali appartenenze dei fedeli alle religioni tradizionali.

L'elemento religioso resta un elemento di centrale importanza per chi desidera analizzare un paese come l'Etiopia anche in relazione ad elementi non tipicamente culturali.

1.2 Topografia e clima

L'Etiopia è situata lungo un elevato altipiano centrale, con una altitudine che va dai 2.000 ai 3.000 metri sopra il livello del mare; sono presenti altresì alcuni rilievi con cime che vanno oltre i 4.000 metri. Il clima è prevalentemente temperato sugli altipiani, caldo in pianura e presenta due stagioni: la stagione secca, da ottobre a maggio, e la stagione umida, da giugno a settembre. La stagione delle piogge interessa, soprattutto, i mesi di giugno, luglio e agosto.

1.3 Situazione politica

La situazione politica del Paese è, da oltre venti anni, stabile, con solide istituzioni. La RFDE ha una propria Costituzione, risalente al 1995, e adotta una forma di governo parlamentare con parlamento bicamerale, composto dalla Camera dei Rappresentanti del Popolo, che rappresenta al contempo la massima autorità del Governo Federale, e dalla Camera della Federazione. È membro del *Common Market for Eastern and Southern Africa* (COMESA) insieme ad altri 21 paesi[1], con una popolazione complessiva di oltre 586 milioni di abitanti.

Recenti eventi, però, hanno portato al conflitto in Tigray.

La fusione del governo di coalizione a 4 partiti in un unico partito, il Partito della Prosperità, è stato interpretato dal *Tigray People's Liberation Front* come tentativo di centralizzare il potere e sciogliere il sistema federale dell'Etiopia. Il conflitto è esploso non appena il TPLF tenne delle elezioni locali nonostante le direttive del governo centrale, portando ad accuse di illegittimità da entrambe le parti e ad un conflitto che è durato circa due anni, per concludersi con l'accordo di pace del novembre 2022.

1.4 Politiche economiche

Nel 2016 il governo etiope ha elaborato un piano di sviluppo quinquennale, il *National Growth and Transformation Plan II* (GTP II), che, attraverso il rafforzamento dei settori agricolo ed industriale, prevedeva una crescita annua del PIL dell'11%, con l'ulteriore obiettivo di creare un paese a basso-medio reddito.

Le varie strategie adottate dal governo etiope per sviluppare i citati settori sono stati apprezzati dalle istituzioni internazionali, che, infatti, hanno riconosciuto la significativa crescita del Paese.

1.5 Valuta nazionale

L'unità di moneta è il Birr. 1 Birr = 0.0178 Euro = 0.0187 USD (a dicembre 2022).

---

[1] Burundi, Comoros, Repubblica Democratica del Congo, Djibouti, Egitto, Eritrea, Eswatini, Etiopia, Kenya, Libia, Madagascar, Malawi, Mauritius, Ruanda, Seychelles, Somalia, Sudan, Tunisia, Uganda, Zambia e Zimbabwe sono, al 2022, gli attuali Stati Membri del COMESA.

1.6 Perché investire in Etiopia

· Rapida crescita economica;
· Clima eccellente e suolo fertile;
· Governo pro-investimenti;
· Forza lavoro abbondante e a basso costo;
· Posizione strategica, crocevia tra Africa, Medio Oriente e Asia;
· Procedure per l'approvazione degli investimenti semplici e trasparenti;
· Pacchetti di incentivi competitivi;
· Accesso ad un vasto mercato.

2. Il contesto operativo

Enormi sforzi sono stati compiuti nei principali settori strategici per conseguire gli obiettivi di sviluppo del millennio (*Millennium Development Goals - MDG*). Si è assistito, pertanto, ad una crescita a doppia cifra in molti settori dell'economia etiope. La sua economia si basa, in particolare, sull'agricoltura, che nel 2020 ha generato il 37.57% circa del PIL.

La crescita economica complessiva del Paese è stata, quindi, fortemente collegata all'andamento del settore agricolo.

Il settore industriale, principalmente composto da piccole e medie imprese, ha prodotto il 21.85% circa del PIL. Da ultimo, il settore terziario, costituito da servizi sociali, scambi commerciali, strutture alberghiere e ristoranti, servizi finanziari e immobiliari, trasporti e comunicazioni, rappresenta il 36.25% circa del PIL.

Al fine di promuovere il settore delle esportazioni, il Governo ha istituito l'*Ethiopian Commodity Exchange* (ECX). L'ECX è un mercato in cui acquirenti e venditori si incontrano per effettuare scambi commerciali, con la garanzia della qualità, della consegna e dei pagamenti. L'ECX offre a tutti gli operatori del mercato delle materie prime un sistema *end-to-end* sicuro ed affidabile per la gestione, la valutazione e lo stoccaggio delle materie prime. Nel 2020, i proventi da esportazioni sono stati complessivamente pari a USD 3,5 miliardi, con un incremento di USD 2,5 miliardi rispetto al 2008/09 (OEC).

Nel Paese, il settore delle esportazioni è dominato dal caffè, mercato caratterizzato, in particolare, da notevoli fluttuazioni del prezzo da stagione a stagione.

I ricavi da esportazioni di caffè sono stati pari, nel 2020, a USD 860 milioni (OEC).

Per quanto riguarda gli investimenti esteri diretti, l'Etiopia ha compiuto notevoli progressi in termini di sviluppo economico e sociale sin dal 1992, quale risultato dell'attuazione di politiche e strategie vantaggiose che hanno dato grande impulso al miglioramento dell'economia nazionale. La politica e la strategia di sviluppo rurale (*Rural Development Policy and Strategy*), la strategia industriale (*Industrial Development Strategy*) ed altre politiche settoriali hanno favorito la creazione di un contesto favorevole allo sviluppo economico e sociale.

La politica di sviluppo rurale, in fase di attuazione nel Paese, mette in evidenzia il fatto che lo sviluppo sostenuto dall'agricoltura consentirà di conseguire una crescita economica rapida e porrà solide basi anche per il suo sviluppo industriale.

La strategia di sviluppo industriale è incentrata principalmente sulla produzione destinata all'esportazione, dando priorità al settore dei prodotti tessili e dell'abbigliamento, del cuoio e dei prodotti in pelle, della trasformazione dei prodotti agricoli, attraverso la crescita delle piccole e medie imprese.

3. Principali settori di investimento

L'Etiopia offre una vasta gamma di settori di investimento ed un forte grado di apertura agli investimenti esteri. Presenta, infatti, un'economia aperta allo sviluppo ed alla modernizzazione ed offre una serie di risorse e di opportunità non ancora interamente sfruttate. L'elevato numero di abitanti, il basso costo della manodopera e l'appartenenza al *Common Market for Eastern and Southern Africa* (COMESA), che riunisce, come anticipato, 21 paesi, con una popolazione complessiva superiore a 586 milioni di abitanti, costituiscono alcuni dei punti di forza che hanno contribuito a rendere il suo mercato uno dei maggiori dell'intero continente africano. La prossimità dell'Etiopia al Medio Oriente offre, inoltre, ulteriori potenzialità di sviluppo commerciale.

Nel 2021, il settore agricolo costituiva ancora il più rilevante settore nella produzione del PIL etiope. Tuttavia, tra il 2011 ed il 2021, il settore dell'industria si è quasi triplicato nella sua porzione dell'economia, laddove, invece, il settore dei servizi ha conosciuto una leggera diminuzione:

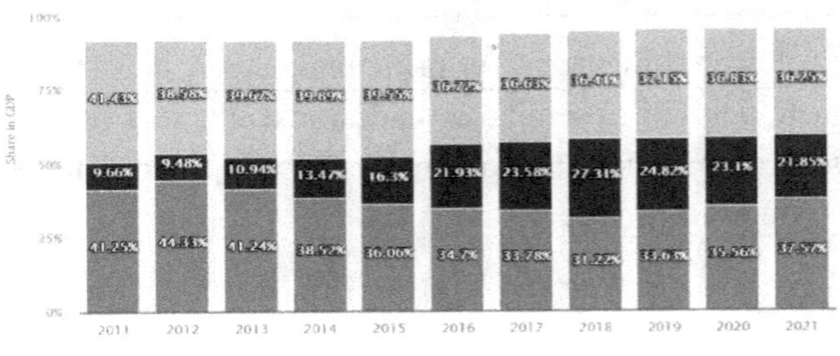

Figura 4: "Ethiopia: Share of economic sectors in the gross domestic product (GDP) from 2011 to 2021", Statista.

Nello specifico, i settori di maggiore interesse per gli investimenti esteri nel Paese, in generale, sono:

1. Agricoltura;
2. Settore manifatturiero;
3. Turismo;
4. Settore estrattivo;
5. Energia idroelettrica;
6. Sviluppo infrastrutturale;
7. Servizi sociali;
8. Telecomunicazioni; e
9. Privatizzazioni.

3.1 Agricoltura, allevamento e pesca

Il settore agricolo, essendo il principale settore del mercato etiope, produce oltre il 35% del PIL locale. La formazione morfologica del Paese consente la presenza di ben 18 principali zone agro-ecologiche (si v. Figura 5) e 49 aree agro-ecologiche minori[2], con un alto potenziale agricolo e biologico. Una buona parte dei prodotti agricoli vengono coltivati dai piccoli produttori (cd. *smallholders*).

La varietà di risorse genetiche presenti nel sottosuolo e le particolari condizioni climatiche diversificate favoriscono, infatti, la produzione di una vasta gamma di colture alimentari, le principali delle quali sono cereali, legumi e semi oleosi. È presente, inoltre, una vasta gamma di frutta, ortaggi e fiori. I prodotti locali più importanti sono:

---

[2] Secondo una classificazione del Ministero dell'Agricoltura dell'Etiopia (2010).

- Caffè: l'Etiopia è il maggiore produttore africano di caffè e, nel 2021, era il quinto più importante produttore di caffè al mondo. Questo prodotto continua ad essere la più significativa coltura destinata all'esportazione e le esportazioni previste per il biennio 2022/2023 sono stimate nella cifra record di 4.72 milioni di sacchi di caffè, nonostante il settore si stia ancora riprendendo dagli effetti della pandemia Covid-19. Le principali destinazioni del caffè etiope, nel periodo 2020/2021, sono state:

    1. Germania;
    2. Arabia Saudita;
    3. Stati Uniti d'America;
    4. Belgio; e
    5. Giappone (*USDA Foreign Agricultural Service, 2022*).

- Tè: anche se il tè rappresenta un peso minore nell'economia etiope rispetto quello del caffè, la qualità etiope di tè nero è una delle più rinomate a livello internazionale e viene apprezzato per il suo sapore ed aroma. Il terreno adatto alla coltivazione del tè copre oltre 6 milioni di ettari, in continua crescita: solo nel 2013, la produzione copriva appena 2.700 ettari del paese (*New Business Ethiopia, 2020*). Tale terreno si trova prevalentemente situato nelle regioni occidentali del Paese. Nel 2020 l'Etiopia era il sessantunesimo paese esportatore di tè al mondo. Le destinazioni principale per il tè etiope, nel 2020, sono state:
    1. Regno Unito;
    2. Pakistan;

3. Kenya; e
4. Polonia (OEC, 2022).

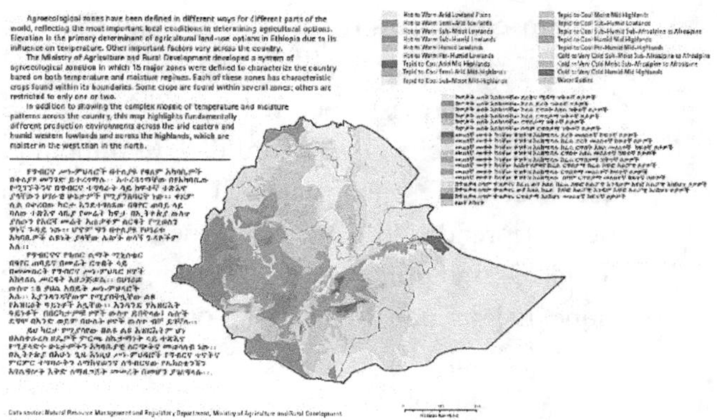

Figura 5: "Le zone agro-ecologiche dell'Etiopia", Deressa, Ringler, & Hassan, 2010.

-   Orticoltura: il settore dell'orticoltura, che comprende frutta, verdura, fiori, erbe e spezie, è stato promosso, in particolar modo, dal governo etiope, attraverso un pacchetto di investimenti avviato nel nuovo millennio. Circa 12.797 ettari di terreno sono adatti all'orticoltura ma, nel 2017, soltanto l'11% di questo terreno veniva utilizzato per l'orticoltura, con ciò rappresentando solo un grande potenziale di sviluppo (*The Ethiopian Messenger, 2017*).

    o   Frutta: grazie alle numerose zone agro-ecologiche, alla disponibilità di acqua per l'irrigazione ed alla lunga stagione per la coltivazione, la frutta e gli ortaggi hanno una coltivazione molto agevole. I principali frutti coltivati sono banana, mango, guava, frutta tropicale (non-specificata o *"niche"*), arancia, mandarino, ananas, oltre alla coltivazione di limone, lime, uva e pesca (*CBI Ministry of Foreign Affairs, 2020*). Il Governo etiope promuove, in particolar modo, gli investimenti di società attive nella trasformazione e conservazione dei prodotti agricoli, come visto nella creazione di impianti per catene fredde presso i tre aeroporti internazionali (*Bole, Bahir Dar and Hawassa*) e l'estensione di una rete ferroviaria per il trasporto dei prodotti orticoli (*The Ethiopian Messenger, 2017*).

- o Floricoltura: l'Etiopia è attualmente il quinto maggiore esportatore di fiori al mondo ed il più grande esportatore di fiori dell'Africa. Inoltre, nonostante un grande potenziale per crescita di investimenti nella tecnologia e di *skilled workers* nel settore, la floricoltura rimane uno dei settori secondari che ha fatto registrare la più rapida crescita nel Paese (*Mebrat, Degwale, Mekonen, et al., 2022*).

- o Spezie: le principali spezie coltivate in Etiopia sono peperoncino, zenzero[3], curcuma, fieno greco, curcuma, coriandolo, cumino, cardamomo, coriandolo e pepe nero (si v. Figura 6).

---

[3] A causa di un'epidemia di avvizzimento batterico cominciata nel 2013, la produzione di zenzero è stata, tuttavia, ampiamente sostituita dalla produzione di curcuma.

Coprono circa 122.700 ettari di terra, ma nonostante una grande crescita del settore nel 21esimo secolo, la maggior parte della coltivazione delle spezie viene ancora svolta da *smallholders* e c'è, dunque, ulteriore spazio di crescita per il settore (*Shimelis, 2021*).

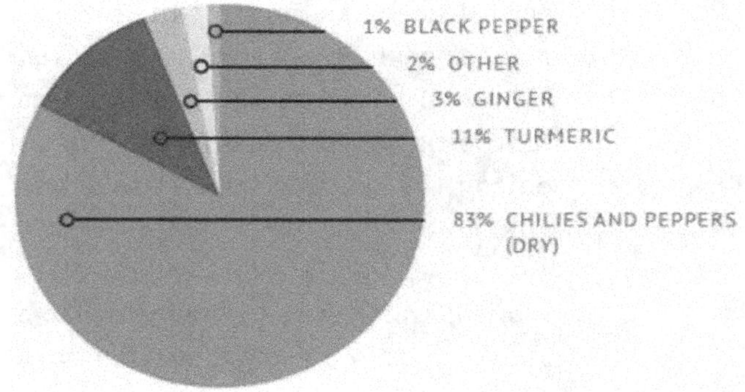

Figura 6: "The share of Ethiopian spice production in 2018", Shimelis, 2021.

o Cereali (una categoria che comprende principalmente mais, grano, sorgo, orzo e teff): vengono prevalentemente coltivati sugli altipiani e sono le principali colture cerealicole del Paese[4]. Ricoprono, rispettivamente, 1.095.436 e 1.398.215 ettari di proprietà di piccoli coltivatori diretti, ma la totale produzione di questa coltura varia fortemente in base alle piogge tra

---

[4] Nota sul conflitto in Tigray: i settori agricoli concentrati nelle zone del conflitto - che sono principalmente legati alla produzione di cereali - naturalmente hanno conosciuto negli ultimi due anni un rilevante calo di produzione. La recente conclusione delle ostilità dovrebbe, però, ripristinare il precedente processo di crescita.

febbraio ed aprile (*Partnership for Resilience and Preparedness*).

o Per quanto riguarda il grano, in particolare, l'Etiopia rimane un importatore netto, soddisfacendo oltre il 70% del proprio fabbisogno nazionale. Per questo motivo, e alla luce sia della crisi alimentare provocata dal conflitto interno che dal conflitto in Ucraina, il governo di Etiopia mira ad intensificare investimenti nella produzione dei cereali in modo da fermare completamente le importazioni entro il 2023 così da ridurre la dipendenza da altri paesi (in particolare, dall'Ucraina e, sotto la forma di aiuti umanitari, dagli Stati Uniti) (*USDA Foreign Agricultural Service*, 2022).

o Legumi: la coltivazione di legumi quali fagioli, piselli, ceci, lenticchie e germogli di soia è molto diffusa in Etiopia sia negli altipiani sia in pianura e la produzione annua dei legumi è in aumento grazie al potenziale nutrizionale dei legumi ed i bassi costi di *input*. Il Paese esporta una grande varietà di legumi sul mercato internazionale e sono presenti numerosi stabilimenti che si occupano della loro lavorazione; tuttavia, la produzione dei legumi rimane sotto il suo pieno potenziale a causa di ridotti servizi di divulgazione, disponibilità limitata di semi, problemi del mercato, e bassi usi di *input* agricoli, quali tecnologie ed altri strumenti utili per la coltivazione (*Kebede, 2020*).

o   Semi oleosi: in Etiopia è presente una vasta gamma di semi oleosi che vengono forniti sia ai mercati locali sia a quelli internazionali. Nel settore degli oli commestibili vengono utilizzati i semi di colza, semi di lino, semi di arachidi e di girasole, di cotone e *niger seed*. L'esportazione riguarda maggiormente le noccioline ed il sesamo.

o   Cotone: è una coltura molto importante in Etiopia, grazie alla presenza di impianti di irrigazione di vasta scala e ad un aumento di terreni coltivabili. È ben integrata nel resto dell'economia, con un vasto numero di stabilimenti tessili e di abbigliamento ed anche il consumo del cotone in Etiopia è destinato ad aumentare grazie ad ulteriori investimenti nell'industria tessile (*USDA Foreign Agricultural Service*, 2019).

o   Mais: il mais - che, insieme al grano, ad esempio, rappresenta una sottocategoria di cereali in certe classificazioni - rappresenta una coltura molto importante per il mercato agricolo etiope. Viene coltivato maggiormente nelle zone degli altipiani centrali e la sua coltivazione copre una superficie pari a 2.53 milioni di ettari. Il mais, in particolare, rappresenta un caso di successo per il Paese perché, grazie all'intensificarsi degli investimenti da parte del Governo, la produzione s'è intensificata ad una velocità, addirittura, superiore a quella di espansione dei terreni di coltivazione, così diventando il cereale con il maggiore peso in termini di produzione totale (*USDA Foreign Agricultural Service*, 2022).

- Riso: anche se il riso non è indigeno in Etiopia, il riso può essere coltivato in svariate zone del Paese, tra cui gli altipiani centrali e le pianure nord-occidentali e meridionali. L'Etiopia rimane un esportatore minore di riso (169° al mondo) ed un importatore netto di riso (62° al mondo) (OEC). Dall'inizio del XXIesimo secolo, il governo ha, comunque, deciso di investire nella sua produzione, dichiarandolo un prodotto importante per la propria sicurezza alimentare. Tuttavia, rimane ancora da valutare la sostenibilità della produzione del riso e delle zone paludose essenziali alla sua coltivazione (*Desta, Zeleke, Payne, et al, 2022*).

In generale, nel corso del 21esimo secolo il settore agricolo dell'Etiopia ha conosciuto un grande potenziamento grazie agli investimenti del governo etiope. La maggior parte della produzione agricola, però, proviene da piccoli coltivatori ed agricoltori e rimane ancora tanto potenziale per lo sviluppo e l'implementazione di tecnologie agricole nelle varie catene di valore.

- Allevamento del bestiame e pesca: molte opportunità sussistono anche per gli investimenti nel settore dell'allevamento. L'Etiopia possiede, in particolare, 70.33 milioni di bovini, 42.9 milioni di pecore, 52.5 milioni di capre e 57 milioni di pollame (*Statista, 2020*). L'aumento esponenziale nella produzione di carne e nel settore dell'allevamento, però, porta alla domanda di come conciliare l'aumento della popolazione etiope (ed il conseguente aumento della produzione di carne) con la sostenibilità (*FAO, 2019*). Il potenziale per lo sviluppo della pesca si limita alle acque dolci della maggior parte dei laghi ubicati presso le zone urbane, per un totale di circa 94.000 tonnellate l'anno (*Hebano and Wake, 2020*). Significativi sono anche i sotto-settori della riproduzione, dell'ingrasso del bestiame, dello sviluppo della pesca in acqua dolce e della produzione di miele e cera d'api. In questi ultimi due settori, l'Etiopia è uno dei principali produttori al mondo ed il maggiore produttore dell'Africa, anche se la maggior parte del miele e cera d'api viene utilizzato internamente al Paese.

3.2 Settore manifatturiero

Il settore manifatturiero costituisce il secondo più rilevante settore del mercato etiope, con l'incidenza sul PIL del 22% circa nel 2021. Le principali attività manifatturiere sono la produzione di generi alimentari, bevande, tabacco, tessuti e abbigliamento, prodotti in cuoio, carta, prodotti in metallo e di minerale non metallico, cemento e prodotti chimici. Secondo il *National Growth and Transformation Plan* (GTP), introdotto nel 2010, la produzione tessile, dell'abbigliamento e dei tessuti in cuoio, il settore del cemento, dei metalli e dell'industria meccanica, il settore chimico, farmaceutico e della trasformazione dei prodotti agricoli rappresentano aree prioritarie.

Le principali categorie del settore manifatturiero sono le seguenti:
- tessile e abbigliamento: filatura, tessitura e finitura di tessuti e produzione di indumenti;
- generi alimentari e bevande: trasformazione e conservazione di prodotti derivati dalla carne, pesce e prodotti derivati dal pesce, frutta e ortaggi; produzione integrata e trasformazione di prodotti caseari; produzione di amido e prodotti a base di amido; trasformazione di alimenti per animali; lavorazione e imbottigliamento di acqua minerale;
- produzione di zucchero e produzione di vino;
- conceria e prodotti in cuoio: produzione di pellami e cuoio fino al prodotto finito; produzione di valigeria, borse, selle e finimenti, calzature ed indumenti;
- componenti e prodotti chimici: produzione di componenti chimici in base alle materie prime locali tra cui i fertilizzanti, carbonato di sodio, gomma, granuli di PVC da alcol etilico; produzione di soda caustica e prodotti chimici a base di cloro; carbone; carbonato di calcio e inchiostro per biro;
- farmaci e prodotti farmaceutici: produzione di prodotti farmaceutici, medicinali, chimici e botanici sotto forma di compresse, capsule, sciroppi e iniettabili;

- carta e prodotti di carta: cellulosa da materie prime indigene, carta e prodotti di carta;
- prodotti di plastica: tubature ad alta pressione, raccordi, piatti per doccia, lavabi, accessori isolanti, illuminazione, cancelleria per ufficio e scuola e complementi d'arredo;
- materiali edili: produzione di cemento, calce viva, gesso, marmo, granito, calcare, ceramica, tegole per tetti, fogli ondulati, tubi, condotte ed accessori.

Rimane ancora, però, molto potenziale per il raggiungimento degli obiettivi decisi dal *Growth and Transformation Plan*, che è stato adottato con lo scopo di imitare il successo di alcune nazioni asiatiche nell'industrializzazione. Come dimostrato dalla seguente grafica, il valore aggiunto del settore manifatturiero come percentuale del PIL nazionale è aumentato dal 2010 (e si stima continui a crescere).

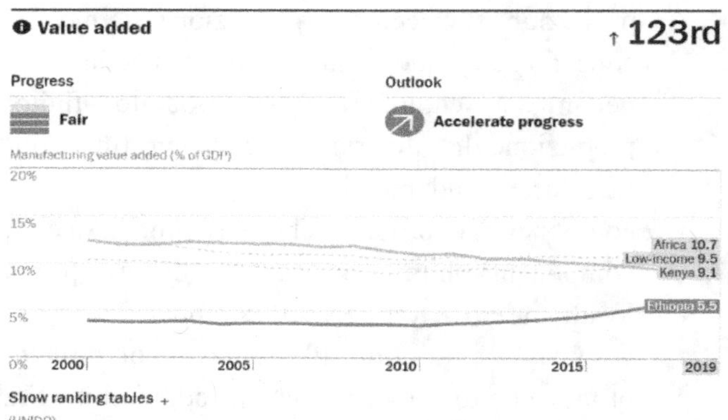

Figure 7: "What Drives SDG-9 Industry Performance in Ethiopia? Manufacturing value added", UNIDO Industrial Analytics Platform.

3.3 Turismo

L'Etiopia ha molto da offrire ai turisti stranieri. Fino al 2019, infatti, il settore del turismo ha conosciuto una continua crescita sia dal punto di vista della produzione di reddito che sotto il profilo del numero di turisti. Naturalmente, i fenomeni della pandemia Covid-19, l'invasione di locuste del 2020 ed il conflitto in Tigray hanno di recente danneggiato il settore (si v. Figure 8 e 9).

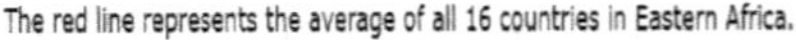

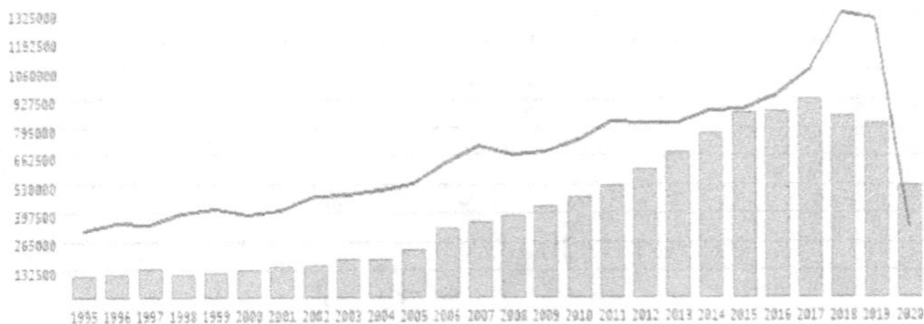

Figura 8: "Development of the tourism sector in Eastern Africa, 1995-2020", WorldData.info.

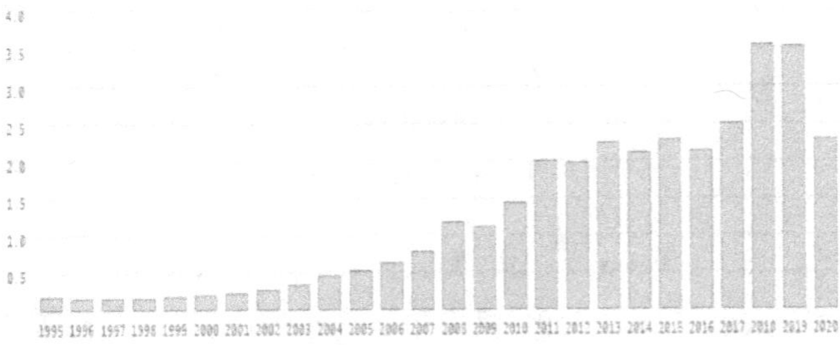

Figura 9: "Revenues in tourism", WorldData.info.

Nonostante ciò, il settore del turismo rimane uno dei cinque settori prioritari all'interno del recente *10-year plan* del governo etiope e, quindi, si stima una rapida ripresa, anche grazie sia ai cospicui investimenti interni che alle numerose attrazioni che l'Etiopia offre. In particolare:

- ha un patrimonio storico culturale unico, panorami mozzafiato, un clima sorprendentemente fresco, una ricca flora e fauna, importanti siti archeologici ed una popolazione ospitale. Il circuito turistico settentrionale è noto come il "Percorso storico" e comprende i più importanti siti turistici del Paese. L'abbondanza di attrazioni turistiche offre un enorme potenziale per turisti con interessi squisitamente culturali ed educativi, safari fotografici e di caccia, *bird watching*, sport acquatici tra cui *rafting* sui fiumi, *trekking* nel deserto, *mountain climbing* ed ecoturismo;
- il turismo all'insegna della salute, grazie al suo clima fresco e alle numerose sorgenti calde, è una forma aggiuntiva di turismo, anch'essa ricca di potenzialità, tanto è vero che i *tour operator* hanno registrato un notevole tasso di crescita negli ultimi anni;
- il turismo legato alle conferenze può offrire molte opportunità poiché sostenuto dalla presenza di numerose organizzazioni internazionali ad Addis Abeba quali *l'African Union* (AU) e la *Economic Commission for Africa* (ECA); e
- il numero di infrastrutture ricettive nel Paese è aumentato sensibilmente nel corso degli ultimi anni. Alcune strutture sono già disponibili nei pressi delle principali attrazioni, sebbene siano in

corso opere di ammodernamento e nuove costruzioni.

Come già menzionato, il settore turistico è in fase di espansione in seguito all'impegno del governo di garantire un ambiente favorevole *(ILO, 2022)*.

Gli investitori stranieri possono sfruttare tali opportunità attraverso investimenti diretti o in *joint-venture* con operatori locali. Esistono, inoltre, opportunità nell'ambito della costruzione di hotel e strutture ricettive in tutto il Paese.

3.4 Settore estrattivo

L'Etiopia offre eccellenti opportunità di ricerca e sviluppo anche nel settore estrattivo. Gli studi geologici hanno individuato un ambiente geologico favorevole che ospita un'ampia gamma di risorse minerarie.

Secondo il Ministero delle attività estrattive, l'Etiopia possiede rilevanti giacimenti di oro, platino, nickel e carbonato di sodio. Tra i minerali destinati al settore edile industriale figurano marmo, granito, calcare, argilla, gesso, pietre preziose, minerale di ferro, carbone, rame e silicio. Anche le risorse di energia geotermica sono presenti in abbondanza. Quanto alle risorse di energia fossile sussistono opportunità significative nell'ambito dell'esplorazione dello sviluppo nel settore del gas naturale e del petrolio nei principali bacini sedimentari, che sono il Abay Basin, Mekele Basin, Meterna Basin, Gambela Basin, Southern Rift Basins e l'Ogaden Basin (si v. Figura 10).

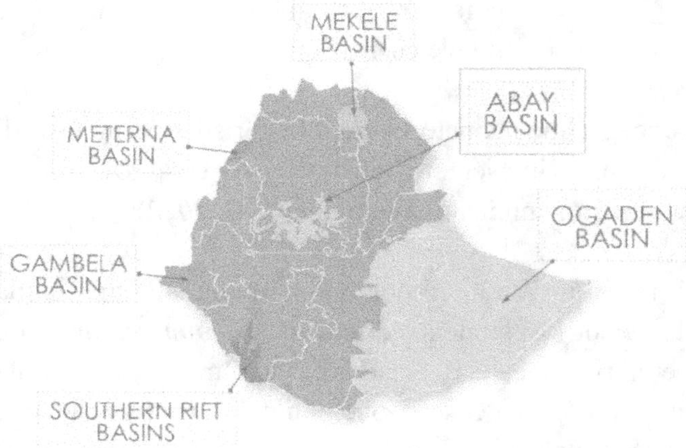

Figura 10: "Opportunities in Petroleum", Ethiopian Ministry of Mines.

Nel settore petrolifero, se l'investimento è interamente di proprietà dell'investitore straniero, sono richiesti 100.000,00 USD, ma se è in collaborazione con investitori nazionali sono richiesti solamente 60.000,00 USD come capitale minimo (*Fikadu Afsaw and Associates Law Office*).

Sebbene non esista alcuna restrizione agli investimenti privati, anche esteri, nello sviluppo di alcuna risorsa mineraria, il maggiore potenziale risiede nell'estrazione dell'oro, di minerali rari e metalli preziosi e di base, minerali industriali e pietre dimensionali (marmo e granito). Il Ministero delle attività estrattive si occupa della valutazione delle richieste di concessione delle licenze di sfruttamento, della regolamentazione delle attività in ambito minerario e, in genere, della promozione delle opportunità di investimento nel settore estrattivo.

3.5 Energia idroelettrica

Il potenziale dell'Etiopia in termini di risorse energetiche rinnovabili e non rinnovabili è assai elevato, con capacità potenziale di produzione a livello di energia idroelettrica stimato in 45.000 MW nel 2017. Il concorrere della crescita economica, l'obiettivo di diventare un Paese a medio reddito attraverso l'attuazione del *Growth and Transformation Plan* e la costante e rapida crescita della popolazione hanno indotto il Governo a mirare fortemente al potenziamento dell'energia idroelettrica[5] per soddisfare i fabbisogni energetici attuali e, soprattutto, futuri della popolazione, tenuto altresì conto che attualmente appena il 25% della stessa ha accesso all'elettricità (*International Hydropower Association*).

Le potenzialità del Paese sono rilevanti anche in termini di generazione di energia geotermica. Nove suoi principali fiumi sono adatti alla generazione di energia idroelettrica. Il settore privato può contribuire alla generazione di energia elettrica da qualsiasi fonte e senza limiti di capacità.

Fino al 2017, la trasmissione e l'erogazione di energia elettrica attraverso la rete nazionale di distribuzione integrata era di monopolio esclusivo del Governo. Dal 2018, invece, *Independent Power Producers*, sia stranieri sia nazionali, possono costruire e operare gli impianti idroelettrici per trasmettere energia alla rete nazionale (*Ethiopian Electric Power*). In particolare, gli investitori privati sono particolarmente incentivati ad impegnarsi collettivamente alla generazione di energia

---

[5] Il *focus* sull'energia idroelettrica è anche dovuto al progetto "*Climate-Resilient Green Economy*", adottato dal governo etiope nel 2011.

elettrica e a concludere accordi commerciali per l'acquisto di energia direttamente con l'*Ethiopian Electric Power Corporation* (EEPCO), la società pubblica che gestisce la trasmissione e l'erogazione di energia elettrica attraverso la rete.

I bacini fluviali di Abbay ed Omo ospitano più della metà del potenziale idroelettrico del Paese, ed infatti lì sono stati realizzati il *Grand Ethiopian Renaissance Dam* (6000 MW annuo),- la centrale elettrica sul Nilo Azzurro che ha cominciato ad essere operativa a febbraio del 2022, - e Gibe III, aperto nel 2016 (1.870 MW) (*International Hydropower Association*).

Ulteriori centrali idroelettriche in attività che compongono il sistema di distribuzione idroelettrica interconnesso (*Inter-Connected System* o ICS) includono:
- Koka (43,2 MW, 73,6 Gwh annui);
- Melkawa Wakena (153 MW, 349 Gwh annui);
- Awash 2 e 3 (64 MW totali, 268 Gwh annui);
- Gilgel Gibe 1 (184 MW, 704,8 Gwh annui) e 2 (420 MW, 329,4 Gwh annui);
- Finchaa (134 MW, 953 Gwh annui);
- Tana Beles (460 MW, 171,9 Gwh annui);
- Tis Abay 1 e 2 (84,4 MW totali, 303,4 Gwh annui);
- Tekeze (300 MW, 349,7 Gwh annui);
- Yadot (0,35 MW, 1 Gwh annuo); e
- Sor (5 MW, 18 Gwh annui).

3.6 Sviluppo infrastrutturale

In Etiopia le strade rivestono un ruolo vitale per il trasporto di persone e merci.

Consapevole di tale ruolo cardine, il Governo ha identificato nel settore stradale una priorità assoluta per gli investimenti pubblici e nel Paese sono, pertanto, stati compiuti notevoli progressi per l'ampliamento della rete stradale. La capitale Addis Abeba è un importante snodo per i trasporti a livello tanto locale quanto internazionale. La rete stradale collega, tra l'altro, Addis Abeba ai paesi confinanti quali Kenya, Gibuti, Eritrea, Somalia e Sudan.

Nel periodo 2019/20 la rete stradale complessiva ha raggiunto i 144.024 km, circa il 41% della totale rete stradale necessaria al Paese. La *Ethiopian Roads Authority* stima di costruire ulteriori 10.000 km di strade nel 2023.

Inoltre, essendo un paese senza sbocco sul mare, l'Etiopia dipende, infatti, dal porto di Gibuti per l'esportazione dei suoi prodotti e, mancando di un'infrastruttura ferroviaria, l'agenzia per il trasporto dei beni al porto, tradizionalmente dipendeva dai camion. Pertanto, onde sviluppare il settore ferroviario etiope, la *Ethiopian Railways Corp* (ERC) ha completato la realizzazione di una nuova rete ferroviaria da 656 chilometri tra Addis Abeba ed il porto di Modjo in Gibuti. Tale intervento fa parte di un progetto più ampio di sviluppo che prevede la costruzione di ulteriori reti ferroviarie idonee a connettere l'Etiopia con altri 3 porti (i porti di Gibuti e Tadjoura in Gibuti e quello di Mombasa in Kenya) in una prima fase e, in una seconda fase, con il Sud Sudan ed eventualmente con il Nord Sudan. Inoltre, l'ERC, attualmente impresa statale, sarà oggetto di un processo di privatizzazione, almeno parziale. La strategia infrastrutturale disegnata dal *National Transport Council*, inoltre, apre ulteriori opportunità agli attori privati di investire nel settore sotto forma di piena proprietà privata, *joint venture* o partenariati pubblici-privati (*US International Trade Administration*).

Inoltre, l'Etiopia offre grandi opportunità nel settore edile, in particolare, nell'ambito della costruzione di strade, edifici ad uso residenziale, commerciale ed industriale, ivi compresa l'edilizia popolare. Per gli investitori si prospettano ampie opportunità nelle seguenti aree:
- *General Contractor Grade One* (GC1 - Appaltatore generale di livello 1);
- *Building Contractor Grade One* (BC1 - Imprenditore edile di livello 1);
- *Road Contractor Grade One* (RC1 - Appaltatore stradale di livello 1);
- *Specialized Contractor Grade One* (GC1 - Appaltatore specializzato di livello 1);
- Trivellamento di pozzi d'acqua;
- Macchinari da costruzione e servizi di noleggio attrezzature.

3.7 Servizi socialmente utili

I servizi socialmente utili sono un ulteriore settore con rilevanti potenzialità per gli investimenti esteri diretti in Etiopia. Gli investitori stranieri interessati possono sfruttare appieno tali opportunità attraverso investimenti diretti o in *joint-venture* con operatori locali.

3.8 Servizi sanitari

Il settore dei servizi sanitari, a mero titolo di esempio, offre numerose opportunità di investimento, in particolare nei settori relativi a: cliniche generali e specialistiche, ospedali generali e specialistici, laboratori chimici e centri diagnostici. La copertura dei servizi sanitari, che costituisce un indicatore dell'accesso della popolazione alle strutture sanitarie, ha registrato un significativo aumento. Tuttavia, le strutture che erogano servizi sanitari per il Paese non sono ancora adeguate rispetto agli *standard* internazionali, ed il governo etiope sta investendo sia nell'espansione che nella standardizzazione delle strutture sanitarie.

In Etiopia esistono, al 2022, le seguenti strutture mediche:
- Presidi sanitari: 17.699 disponibili e 391 in costruzione;
- Centri medici: 3.777 disponibili e 113 in costruzione;
- Ospedali: 367 disponibili e 67 in costruzione;
- Cliniche private: 3.867;
- Ospedali privati: 43 (*US International Trade Administration*).

3.9 Istruzione

I servizi di istruzione attirano nel Paese istituti che operano nel settore della pubblica istruzione, università e centri formativi di fama internazionale. I seguenti ambiti rappresentano alcune delle opportunità aperte agli investitori:
- scuole materne e asili nido;
- scuole primarie e secondarie;
- *college*/università in ambito scientifico e *marketing*, scuole di medicina;
- istituti ITC, centri di formazione professionale e centri di formazione per il settore ricettivo.

Il Governo ha altresì messo a punto un pacchetto di riserve per il miglioramento della qualità dell'istruzione all'interno del Paese attraverso l'*Education Sector Development Programme VI*, che mira a ridurre la povertà attraverso investimenti nell'istruzione (*Ethiopia Federal Ministry of Education*).

3.10 Telecomunicazioni

L'ente governativo *Ethio Telecom* è l'unico fornitore di servizi di telecomunicazioni nel Paese. L'*Ethio Telecom* fornisce servizi di telecomunicazione a livello nazionale ed internazionale via satellite, utilizzando i sistemi DRMAS (sistema radio digitale a microonde multi-accesso), VSAT, UHF, VHF, radio a onde lunghe e ad alta frequenza.

Negli ultimi anni, il numero di abbonati alla rete telefonica fissa e mobile è aumentato. Nel 2020, c'erano approssimativamente 1.252 milioni di abbonati alle reti fisse e 44.5 milioni di abbonati a reti cellulari. Attualmente, la fornitura di schede SIM è stata concessa in licenza a società private allo scopo di agevolare l'accessibilità degli abbonati. Analogamente, gli abbonamenti a internet sono anch'essi aumentati, ed al 2020 circa il 24% della popolazione aveva accesso a internet (*CIA World Factbook*). Tutte le città sono collegate mediante connessioni dirette con microonde e sono dotate di servizi automatici di telefonia fissa e mobile. I collegamenti internazionali sono mantenuti mediante stazioni terrestri satellitari e fibra ottica che offrono servizi telefonici, di *telefax*, internet, televisione, trasmissione di dati digitali, telefonia mobile (formula prepagata e abbonamenti) e cabine telefoniche a gettoni.

Attualmente il governo è impegnato a sviluppare l'uso di tecnologie digitali ed, indirettamente, promuovere lo sviluppo socioeconomico attraverso il GTP ma anche attraverso l'adozione del progetto *Digital Ethiopia 2025*. Inoltre, la Banca Mondiale, ad inizio 2021, ha concesso un prestito da 200 milioni di USD per aiutare a far crescere il settore (*CIA World Factbook*).

3.11 Privatizzazioni

Il programma di privatizzazioni offre significative opportunità agli investitori stranieri, in particolare, nel settore agricolo, manifatturiero, alberghiero e del turismo. Le imprese di proprietà statale sono privatizzate attraverso gare di appalto. Nel 2018, è stato creato l'*Advisory Council on Privatization of State-Owned Companies*, che è l'organo responsabile dell'attivazione del programma di privatizzazione del Paese (*UNCTAD, 2018*).

Il Governo etiope, riconoscendo il ruolo fondamentale del settore privato nell'economia interna, ha apportato diverse modifiche alla legge sugli investimenti negli ultimi venti anni al fine di renderla più trasparente, favorevole e competitiva. I più recenti mutamenti relativi agli investimenti esteri sono stati introdotti attraverso l'*Investment Proclamation* (normativa che regola gli investimenti esteri) *n. 1180/2020* e il *Regolamento n. 474/2020*, che mirano sia ad ampliare le opportunità per le privatizzazioni che a semplificare le procedure per capire se un certo settore possa essere soggetto a processo di privatizzazione (*UNCTAD, 2022*). In ragione dell'attuazione di tali politiche, la produzione agricola e industriale, gli investimenti ed il commercio stanno registrando una crescita costante, anno dopo anno, sia in termini di volumi che di varietà.

4. Il quadro normativo

Il sistema giuridico locale si fonda sulla Costituzione, atto normativo che prevale su ogni altra forma regolamentare, oltre che su leggi codificate, quali il codice civile, commerciale, di procedura civile, penale e di procedura penale. Tutte le leggi sono pubblicate presso la gazzetta ufficiale (*Negarit Gazeta*). Quanto all'amministrazione della giustizia, i tribunali locali operano in conformità ai principi di giustizia generalmente riconosciuti a livello internazionale oltre che alle leggi della Repubblica Federale Democratica di Etiopia. L'esercizio della professione forense innanzi ai tribunali è riservato ai cittadini di nazionalità etiope; tuttavia, ai sensi dell'articolo 8 della *The Federal Advocacy Service Licensing and Administration Proclamation* (2021), gli avvocati e gli studi legali stranieri sono autorizzati a fornire servizi di patrocinio in collaborazione con un avvocato o uno studio legale autorizzato in Etiopia su casi che coinvolgono la legge del paese che ha rilasciato la licenza di patrocinio straniero. I cittadini stranieri hanno, comunque, il diritto di comparire nelle aule di giustizia in qualità di testimoni. In tali casi, i cittadini stranieri hanno la facoltà di comunicare avvalendosi di interpreti nominati dal tribunale.

Il Codice del Commercio (Commercial Code) del 2021 definisce il quadro normativo per lo svolgimento delle attività commerciali nel Paese.

La Costituzione, ai sensi dell'articolo 40, riconosce il diritto di proprietà privata, in generale, a ciascun cittadino, assicurando agli investitori privati il diritto all'uso della terra sulla base degli accordi stabiliti dalla legge.

L'*Investment Proclamation (2020)*, inoltre, riconosce agli investitori stranieri il diritto di possesso di immobili strumentali all'esercizio delle rispettive attività, questa garanzia non considera, tuttavia, la terra.

L'Etiopia è un paese membro della *World Intellectual Property Organization* (WIPO), organizzazione che, insieme alle leggi di seguito riportati, costituiscono i principali strumenti in vigore per regolamentare la proprietà intellettuale:

- *The Copyright and Neighboring Rights Protection Proclamation* No. 410/2004 modificata dalla Proclamation No. 872/2014;
- *The Patent Proclamation* No. 123/1995 unitamente alla *Council of Ministers Regulation* No. 12/1997;
- *The Trademark Registration and Proclamation* No. 501/2006, come aggiornata dalla *Trademark Registration and Protection Regulation* No. 273/2012.

Inoltre, è membro dell'Agenzia Multilaterale di Garanzia degli Investimenti *(Multilateral Investment Guarantee Agency* - MIGA) ed in attesa di completare le procedure per l'ingresso nella *World Trade Organization* (WTO).

Infine, ha stipulato trattati bilaterali di investimento (BITs) e contro la doppia imposizione (DTTs) con numerosi paesi, quali Italia, Algeria, Austria, Belgio, Brasile, Cina, Egitto, Finlandia, Francia, Germania, India, Qatar, Spagna, Svizzera, Turchia, Regno Unito e USA.

5. Quadro istituzionale e forme di investimento

L'Investment Proclamation del 2020 e la *Investment Regulation* No. 474/2020 costituiscono il principale quadro normativo che disciplina gli investimenti esteri in Etiopia.

Al fine di promuovere maggiori investimenti esteri nel Paese oltre che di migliorare i servizi prestati agli investitori, è stata costituita la *Ethiopian Investment Commission* (EIC), ossia un'istituzione governativa autonoma che risponde del proprio operato dinanzi all'*Investment Board*, presieduto dal Primo Ministro.

Le principali attività dell'EIC ed i servizi che la commissione presta agli investitori stranieri possono, in sintesi, essere così identificati:
- promozione delle opportunità di investimento nel Paese e delle condizioni applicabili agli investitori stranieri;
- rilascio di permessi di investimento, certificati di registrazione di aziende e licenze commerciali;
- registrazione di accordi di trasferimento di tecnologia e/o di collaborazione commerciale tra investitori stranieri ed imprese locali;
- negoziazione e, previa autorizzazione del governo, sottoscrizione di trattati bilaterali a tutela e per la promozione degli investimenti con altri paesi; consulenza in favore del governo in materia di misure necessarie alla creazione di un contesto di investimento favorevole agli operatori stranieri;
- rilascio di permessi di lavoro, inclusi rinnovi, sostituzioni, sospensioni o cancellazioni;

-   facilitare i FDI e i collegamenti con liindustria delle imprese nazionali.

Inoltre, l'EIC fornisce agli investitori i seguenti servizi gratuiti, riservati e personalizzati:

-   fornitura di informazioni su opportunità commerciali specifiche di settore, procedure di costituzione di società e relative normative sul lavoro;
-   accompagnamento e supporto dell'investitore nella scelta di terreni e fruizione di servizi di pubblica utilità; l'elaborazione delle domande di permesso di soggiorno; l'approvazione di studi di valutazione di impatto ambientale per progetti di investimento; e il rilascio del codice fiscale (TIN).

5.1 Forme di investimento

Il sistema normativo del Paese offre numerose opportunità riguardanti l'organizzazione e l'esercizio di attività commerciali.

Il Codice del Commercio (*Commercial Code*) etiope prevede, innanzitutto, all'articolo 21, la libertà di svolgere attività di impresa nel rispetto, comunque, dei limiti di legge. Vengono, quindi, previste, all'articolo 174 del medesimo codice, varie forme associative (*"Business* Organization") idonee a regolamentare gli investimenti ed il rapporto tra privati. Tra le altre, meritano attenzione:

-   Investitore individuale (*Sole Trader*): in Etiopia è possibile operare ed investire in forma personale ed autonoma. Ogni ditta deve, in ogni caso, essere preliminarmente registrata;

- *General Partnership* (GP): accordi tra privati assimilabili alle società di persone di diritto italiano;

- *Limited Partnership* (LM): accordi tra privati assimilabili alle società in accomandita di diritto italiano, con assunzione di responsabilità illimitata in capo ai soli soci-amministratori;

- *Share Company* (SC): società per azioni di diritto etiope, con capitale sociale non inferiore a 50.000 Birr, i cui organi interni sono rappresentati dall'assemblea generale degli azionisti e dal consiglio di amministrazione, composto fino ad un massimo di 12 membri;

- *Private Limited Company* (PLC): accordi tra privati assimilabili alle società a responsabilità limitata di diritto italiano, con capitale sociale minimo di 15.000 Birr; e

- *Joint-venture*: accordi di collaborazione tra operatori locali ed investitori esteri.

Le leggi applicabili alle imprese locali sono il Codice del Commercio, la *Commercial Registration and Licensing Proclamation No. 980/2016* e la *Commercial Registration and Licensing Council of Ministers Regulation No. 392/2016* che ha aggiornato la *Federal Government Commercial Registration and Licensing Council of Ministers Regulation No. 13/1997*.

È richiesta, per ogni impresa, la necessaria iscrizione presso il Registro delle Imprese, tenuto dal Ministero del Commercio o dal Ministero dell'Industria o dagli uffici Regionali del Commercio, a seconda dell'attività interessata. Per gli investimenti stranieri è la *Ethiopian Investment Commission* a mantenere il medesimo Registro.

5.2 Requisiti minimi di investimento

Il capitale minimo di investimento richiesto ad un investitore straniero è pari a USD 200.000, in denaro e/o in beni strumentali, per ogni singolo progetto. Tuttavia, in caso di *joint-venture* con operatori locali, il capitale minimo viene ridotto a USD 150.000 per singolo progetto. Qualora l'investitore straniero intenda operare nel settore dei servizi di consulenza ingegneristica, di architettura o di consulenza di altro genere, l'investimento minimo potrà essere pari a USD 100.000, laddove l'attività sia esercitata in via autonoma ovvero USD 50.000 in caso di *joint-venture* con operatori locali. Il requisito patrimoniale minimo non si applica agli investitori stranieri che reinvestono i loro profitti o dividendi generati dalla loro impresa esistente in qualsiasi area così come agli investitori stranieri che acquistano la totalità di un'impresa esistente di proprietà di un altro investitore straniero o le azioni della stessa.

In ogni caso, l'investitore straniero dovrà preliminarmente ottenere un permesso di investimento da parte dell'EIC.

5.3 Iscrizione di una società presso il Registro delle Imprese

Qualora la richiesta sia volta alla costituzione di una nuova impresa in Etiopia, il richiedente sarà tenuto a presentare i seguenti documenti:

- istanza firmata dal legale rappresentante della società;
- copia della delega del rappresentante;
- bozza dell'atto costitutivo e dello statuto sociale;

- copia del passaporto o della carta d'identità, in corso di validità, di ciascun socio;
- qualora non si tratti di società per azioni, un estratto conto bancario che certifichi che il capitale sociale da versare in denaro sia stato depositato presso un apposito conto corrente vincolato (*Proclamation n. 686/2010*);
- in caso di società per azioni, un estratto conto bancario che certifichi che almeno un quarto del valore nominale delle azioni sottoscritte sia stato versato presso un apposito conto corrente vincolato (sempre, *Proclamation n. 686/2010*).

5.4 Iscrizione di una filiale presso il Registro delle Imprese

Qualora la richiesta sia volta alla semplice apertura di una filiale in Etiopia, il richiedente sarà tenuto a presentare i seguenti documenti:

- atto costitutivo della società;
- statuto vigente;
- delibera recante la volontà di investimento in Etiopia unitamente alla descrizione dello stesso;
- delega rilasciata al rappresentante nominato in Etiopia.

La documentazione dovrà essere depositata in duplice copia, in lingua sia italiana che etiope, con autentica notarile.

5.5 Aree di Investimento

L'*Investment Regulation* n. 474 del 2020 stabilisce nei suoi articoli 3, 4 e 5 alcune limitazioni sui settori in cui un investitore straniero può partecipare. Sussistono, infatti, delle aree riservate agli investimenti congiunti al

Governo (articolo 3) che hanno a che fare soprattutto con infrastrutture critiche. Da un altro lato, vi sono delle aree in cui possono partecipare soltanto operatori domestici (articolo 4) e quelle aree in cui un investitore straniero (non detenendo più del 49% del capitale sociale dell'impresa) deve investire insieme a un investitore domestico (articolo 5).

Settori riservati ad investimenti in joint-venture con il Governo:
- fabbricazione di armi, munizioni ed esplosivi usati come armi o per fabbricare armi;
- importazione ed esportazione di energia elettrica;
- servizi di trasporto aereo internazionale;
- autobus a transito rapido (BRT);
- servizi postali esclusi i servizi di corriere.

Settori riservati esclusivamente agli operatori locali:
- aree soggette alle leggi di attività bancaria, assicurazione e microfinanza, escluse le attività di finanziamento di beni strumentali;
- trasmissione e distribuzione di energia elettrica attraverso il sistema integrato di rete nazionale;
- servizi sanitari di primo e medio livello;
- commercio all'ingrosso, prodotti petroliferi, commercio all'ingrosso di prodotti di origine etiopica; esclusa la vendita all'ingrosso del commercio elettronico;
- commercio al dettaglio escluso il commercio elettronico;
- importazioni, esclusi gas di petrolio liquefatto e bitume;
- esportazione di caffè non lavorato, khat, semi oleosi, legumi, minerali, cuoio e pelli, prodotti

della foresta, pollame e bestiame compresi animali da soma acquistati sul mercato;

- servizi di costruzione e perforazione di grado inferiore a uno;
- servizi di hotel, lodge, resort, motel, pensioni, esclusi quelli designati da stelle;
- ristoranti, sale da tè, caffetterie, bar, discoteche e servizi di catering (esclusi i ristoranti internazionali e quelli specializzati);
- agenzia di viaggi, vendita di biglietti di viaggio e ausiliari del commercio dei servizi;
- operazione turistiche;
- leasing di attrezzature, macchinari e veicoli, esclusi mezzi pesanti specifici per settore, macchinari e veicoli specializzati;
- servizi di trasporto, escluse le seguenti aree:
  o trasporto ferroviario;
  o trasporto in funivia;
  o trasporto nella catena del freddo;
  o trasporto di merci con capacità superiore a 25 tonnellate;
  o servizi di trasporto riservati ad investimento congiunto con lo Stato o investitori nazionali;
- medicine tradizionali locale;
- produzione di prodotti da forno e pasticceria per il mercato interno;
- mulini macinatori;
- servizi di parrucchieri e saloni di bellezza, fabbri e sartorie (escluse le fabbriche di abbigliamento);
- servizi di manutenzione e riparazione, compresa la manutenzione, riparazione e revisione di aeromobili (MRO), ma escluse la riparazione e

la manutenzione di macchinari per l'industria pesante e attrezzature mediche;
- assistenza a terra degli aeromobili e altri servizi correlati;
- segherie, lavorazione del legno e assemblaggio di semilavorati in legno;
- servizi mediatici;
- sdoganamento;
- fabbricazione di mattoni e blocchi;
- estrazione;
- lotterie e scommesse sportive;
- servizi di lavanderia (esclusi quelli forniti su scala industriale);
- servizi di traduzione e segreteria;
- servizi di sicurezza;
- servizi di intermediazione;
- servizi di avvocati e consulenza legale;
- servizi di agenzia privata per l'impiego, esclusi i servizi per l'assunzione di marittimi e altri professionisti simili che richiedono elevata competenza ed esperienza e rete internazionale.

Aree di investimento riservate per investimenti congiunti tra investitori nazionali ed esteri:
- servizi di spedizione e agenzia marittima;
- servizi di trasporto aereo nazionale;
- servizi di trasporto pubblico transnazionale con autobus con capienza superiore a 45 passeggeri;
- servizi di trasporto urbano di massa a grande portata;
- servizi di pubblicità e promozione;
- servizi audiovisivi; registrazione, produzione e distribuzione di film e video;
- servizi di contabilità e revisione contabile.

Le aree di investimento non elencate negli articoli 3, 4 e 5 sono aperte agli investitori stranieri senza restrizioni.

5.6 Assegnazione dei terreni

In Etiopia la terra è di proprietà pubblica. Le persone fisiche e/o giuridiche hanno esclusivamente il diritto di utilizzo del suolo. Ai fini della concessione in uso, i terreni possono essere suddivisi in due categorie: terreni rurali e terreni urbani. I terreni rurali vengono concessi principalmente per finalità agricole. I costi stabiliti per la concessione di tali terreni sono generalmente esigui. Il Governo dà prova di un forte impegno per concedere i terreni fertili del Paese a fini di investimento. Il Ministero dell'Agricoltura fornisce assistenza tecnica agli investitori privati che investono in ambito agricolo.

I terreni urbani si suddividono in terreni ad uso industriale e terreni adibiti ad usi diversi. I terreni ad uso industriale godono di particolare attenzione da parte del Governo e numerose zone industriali con le necessarie infrastrutture (strade, acqua, energia elettrica e telefono) sono presenti nelle principali città al fine di sostenere la spinta del Paese verso una rapida industrializzazione.

I terreni ad uso industriale situati nelle zone industriali sono assegnati agli investitori a prezzi fissi. I terreni ad uso industriale finalizzati alla produzione per l'esportazione sono, in genere, disponibili a tariffe preferenziali. I terreni adibiti ad usi diversi sono, invece, concessi in uso attraverso asta pubblica. I prezzi d'asta variano in base alla domanda. Un investitore può richiedere qualsiasi dimensione di capannone o terreno per utilizzarlo il prima possibile. Non esiste un limite minimo e massimo di tali dimensioni.

L'EIC ha il compito di agevolare l'assegnazione dei terreni per progetti di investimenti esteri in tutto il Paese.

6. Incentivi agli Investimenti Fiscali

La *Council of Ministers Investment Incentive Regulation* No. 517/2022 ha l'obiettivo di promuovere gli investimenti nei settori prioritari nazionali; aumentare gli investimenti esteri diretti e garantire che gli incentivi siano adeguatamente destinati allo scopo previsto. Ciò detto, gli incentivi precedentemente concessi ai sensi del Regolamento degli Investimenti del 2012 continueranno ad essere validi ed efficaci.

Incentivi stabiliti dall'Investment Proclamation No. 796/2012 (ancora vigenti):

- proprietà di beni immobili, diritto di possesso di immobili strumentali all'esercizio delle rispettive attività;
- garanzie e protezione degli investimenti, nessun investimento sarà espropriato se non per motivi di pubblica utilità e a norma di legge. Verrà sempre corrisposto in anticipo un dovuto compenso corrispondente al valore di mercato;
- rimessa di fondi, qualsiasi investitore straniero avrà il diritto, in relazione al suo investimento approvato, di effettuare le seguenti rimesse dall'Etiopia in valuta estera convertibile al tasso di cambio prevalente alla data della rimessa:
  - profitti e dividendi derivanti dall'investimento;
  - pagamenti di capitale e interessi su prestiti esterni;
  - pagamenti relativi ad un contratto di trasferimento di tecnologia;
  - compensi relativi ad un contratto di collaborazione;

- o   proventi del trasferimento di azioni o di proprietà parziale dell'impresa a un investitore nazionale;
- o   proventi della vendita o della liquidazione dell'impresa.

Incentivi stabiliti dalla *Council of Ministers Investment Incentive Regulation* No. 517/2022.

6.1 Esenzione dall'imposta sul reddito

Esenzione per nuovi investimenti

Qualsiasi investitore che investa per avviare una nuova attività avrà diritto all'esenzione dall'imposta sul reddito. È importante notare che gli investimenti nelle industrie minerarie e petrolifere non si qualificano per incentivi fiscali, ma incentivi doganali.

Gli investitori che investono in zone lontane dal centro e/o con scarso sviluppo infrastrutturale, avranno diritto alla detrazione dell'imposta sul reddito del 30% per tre anni consecutivi oltre all'esenzione IRPEF; ed è prevista una possibile esenzione dall'imposta sul reddito per cinque anni per hotel, lodge e resort. Inoltre, gli investitori che offrono opportunità di lavoro agli etiopi al di fuori dell'Etiopia avranno diritto all'esenzione dall'imposta sul reddito a determinate condizioni (fino a sei anni).

6.2 Diritti doganali

Al fine di incentivare gli investimenti privati e di promuovere l'afflusso di capitali e tecnologie esteri in Etiopia, vengono offerte le seguenti esenzioni dai diritti doganali ad investitori stranieri impegnati nella costituzione di nuove imprese o in progetti di sviluppo:

- esenzione del 100% dal pagamento dei diritti doganali e di ogni altra imposta che grava sulle importazioni è riconosciuta per tutti i beni strumentali quali impianti, macchinari, attrezzature e materiali da costruzione;
- l'investitore a cui sia concessa l'esenzione dai diritti doganali sarà altresì autorizzato ad importare beni strumentali senza il versamento dei diritti doganali in qualsiasi momento durante la fase operativa della propria impresa;
- i beni strumentali importati senza il pagamento di diritti doganali potranno essere ceduti ad altro investitore che goda di privilegi analoghi.

6.3 Incentivi non fiscali

Gli incentivi non fiscali concessi a tutti gli esportatori sono i seguenti:

- gli operatori che investono nel settore dell'agricoltura, manifatturiero e/o dell'industria agroalimentare potranno proporre istanza per ottenere un finanziamento fino al 70% del capitale investito presso la *Development Bank of Ethiopia* (DBE);
- il governo dell'Etiopia potrà coprire fino al 30% del costo delle infrastrutture (strade d'accesso, fornitura d'acqua, energia elettrica, linee telefoniche) in favore degli operatori che investono nello sviluppo di particolari zone industriali[6].

---

[6] Questi dati risalgono al 2013 e vengono riportati nella prima edizione del *Doing Business in Ethiopia*.

6.4 Incentivi fiscali per le esportazioni

Sono riconosciuti incentivi fiscali verso le esportazioni e in particolare:

- ad eccezione di pochi prodotti (es. pelli semilavorate), non è prevista alcuna imposta sulla esportazione dei prodotti al di fuori del Paese;
- regime *Duty Drawback Scheme*: offre agli investitori l'esenzione dal pagamento dei diritti doganali e/o di altre tasse sulle materie prime acquistate a livello locale o importate, destinate alla produzione di beni da esportare. I diritti ed altre imposte pagati verranno restituiti per il 100% al momento dell'esportazione dei prodotti finiti.

6.5 Prestito estero

Accesso al prestito estero (con debito; rapporto di capitale proprio di 60:40 per gli investitori stranieri), così gli investitori stranieri possono raccogliere fino al 60% dei loro finanziamenti tramite prestiti sui mercati esteri e gli investitori nazionali impegnati in attività orientate all'esportazione che generano forex possono accedere a prestiti esteri, tutto gestito dalla Banca Nazionale di Etiopia.

6.6 Rimesse di capitale

Ai sensi della *Investment Proclamation* No. 1180/2020, l'investitore straniero ha il diritto di effettuare le seguenti rimesse al di fuori dei confini dell'Etiopia in valute estere convertibili:
- utili e dividendi;

- pagamenti in conto capitale e interessi sui finanziamenti;
- pagamenti correlati ad accordi di trasferimento di tecnologia;
- proventi derivanti dalla vendita o dalla liquidazione di impresa;
- proventi derivanti dalla cessione di quote o di azienda.

6.7 Tassazione

La normativa fiscale etiope prevede una tassazione diretta e indiretta. Le imposte dirette si dividono in cinque categorie: imposte sul reddito delle persone fisiche, imposte sui redditi da locazione, ritenuta d'acconto, imposte sugli utili delle persone giuridiche e imposte diverse. Le principali tipologie di imposte indirette sono l'IVA, i dazi doganali, le accise e le imposte sul volume d'affari.

6.8 Imposte dirette

I redditi imponibili ai sensi della *Federal Income Tax Proclamation* No. 979/2016 sono i seguenti:

- reddito da lavoro subordinato (5% - 35%);
- reddito da locazione di edifici (10% - 35%);
- reddito da utili aziendali (35%);
- reddito da *royalties* ha un'aliquota fissa del 5%;
- entrate provenienti da giochi d'azzardo (15%);
- reddito per servizi prestati al di fuori del territorio dell'Etiopia ha un'aliquota fissa del 10%;
- entrate provenienti da concessione temporanea di immobili (15% su qualsiasi terreno);

- reddito da attività agricole, da stabilirsi a livello regionale.

6.9 Imposte indirette

L'imposta sul valore aggiunto (IVA) sostituisce il precedente sistema impositivo per le aziende rappresentato dalle imposte sulle materie prime e sui servizi. L'aliquota IVA è pari al 15% del valore di ciascuna transazione imponibile.

Le accise sono da versare su una serie di beni di consumo, siano essi prodotti a livello locale o importati, vale a dire alcol, tabacco, sale, combustibile, televisori, automobili, tappeti e giocattoli. Le aliquote oscillano tra il 10% su ricevitoria, abbigliamento, prodotti tessili di qualsiasi tipo e tessuti ed il 100% su profumi, veicoli di cilindrata superiore a 1.800 cc e bevande alcoliche.

7. Fonti

"Advisory Council on Privatization of State-owned Companies Established", UN Conference on Trade and Development, 3 agosto, 2018. https://investmentpolicy.unctad.org/investment-policy-monitor/measures/3277/ethiopia-advisory-council-on-privatization-of-state-owned-companies-established

Ambaw, H., "Tea production, potential of Ethiopia", NewBusinessEthiopia.com, 12 maggio, 2020. https://newbusinessethiopia.com/nbe-blog/tea-production-potential-of-ethiopia/

Bassi, M., *Decisions in the Shade. Political and juridical processes among the Oromo-Borana*, Red Sea Press, 2005.

Beckingham e G. W. B. Huntingford, *Some records of Ethiopia*, Hakluyt Society, 1954.

"The Blooming Horticulture Industry of Ethiopia", *The Ethiopian Messenger*, aprile 2017. https://issuu.com/ethiopian.messenger/docs/the_ethiopian_messenger_6

"Can Ethiopia rebuild its COVID-19 damaged tourism sector?", International Labour Organization, 15 agosto, 2022. https://voices.ilo.org/podcast/can-ethiopia-rebuild-its-covid-19-damaged-tourism-sector

"Cattle population in Africa as of 2020, by country", Statista, 1 agosto, 2022. https://www.statista.com/statistics/1290046/cattle-population-in-africa-by-country/

"Chicken population in Africa as of 2020, by country", Statista, 1 agosto, 2022. https://www.statista.com/statistics/1290057/chicken-population-in-africa-by-country/

Deressa, T., Ringler, C., and Hassan, R., "Factors affecting the choices of coping strategies for climate extremes: The case of farmers in the Nile Basin of Ethiopia", International Food Policy Research Institute, 2010. https://www.ifpri.org/publication/factors-affecting-choices-coping-strategies-climate-extremes

Desta, M., Zeleke, G., Payne, W., et al., "Impact of Rice Expansion on Traditional Wetland Management in the Tropical Highlands of Ethiopia", *Agriculture* vol. 12 no. 7, 19 luglio, 2022, p. 1055. https://doi.org/10.3390/agriculture12071055

"Education Sector Development Programme VI (ESDP VI)", Ethiopia Federal Ministry of Education, 2021. https://assets.globalpartnership.org/s3fs-public/document/file/2021-11-education-sector-development-plan-ethiopia.pdf?VersionId=eCE8EO7S11XRa806tewLkhRcQfQ6yU2B

"Ethiopia: Coffee Annual", USDA Foreign Agricultural Service, 9 settembre, 2022. https://www.fas.usda.gov/data/ethiopia-coffee-annual-7

"Ethiopia: Cotton Annual", USDA Foreign Agricultural Service, 6 giugno, 2019. https://www.fas.usda.gov/data/ethiopia-cotton-annual-0

"Ethiopia Grain and Feed Annual". US Department of Agriculture Foreign Agricultural Service, 20 aprile, 2022. https://apps.fas.usda.gov/newgainapi/api/Report/DownloadReportByFileName?fileName=Grain%20and%20Feed%20Annual_Addis%20Ababa_Ethiopia_ET2022-0014.pdf

"Ethiopia: Share of economic sectors in the gross domestic product (GDP) from 2011 to 2021", Statista, 10 novembre, 2022.

https://www.statista.com/statistics/455149/share-of-economic-sectors-in-the-gdp-in-ethiopia/

"Ethiopian Census First Draft", Central Statistics Agency, 2007.

"The future of livestock in Ethiopia. Opportunities and challenges in the face of uncertainty", Food and Agricultural Organization of the United Nations. https://docslib.org/doc/8302564/the-future-of-livestock-in-ethiopia-opportunities-and-challenges-in-the-face-of-uncertainty

"Goat population in Africa as of 2020, by country", Statista, 1 agosto, 2022. https://www.statista.com/statistics/1290087/goat-population-in-africa-by-country/

Hagos, B., "Major features of Ethiopia's new investment law: an appraisal of their policy implications", *Transnational Corporations*, vol. 29 no. 1, aprile 2022, pp. 135 - 161. https://doi.org/10.18356/2076099x-29-1-5

Hebano, A. and Wake, A., "Overview of Ethiopian fisheries production system and its challenges in different fish potential area: A review", *International Journal of Fisheries and Aquatic Studies*, vol. 8 no. 5, 2020, pp. 148-156. https://www.fisheriesjournal.com/archives/2020/vol8issue5/PartB/8-4-82-391.pdf

Kebede, E., "Grain legumes production and productivity in Ethiopian smallholder agricultural system, contribution to livelihoods and the way forward", *Cogent Food and Agriculture* vol. 6, 3 febbraio, 2020. https://doi.org/10.1080/23311932.2020.1722353

Levine, D., *Greater Ethiopia: The Evolution of a Multiethnic Society,* University of Chicago Press, 2014.

Mebrat, S., Degwale, A., Mekonen, T., et al., "Flower production prospects and sustainability challenges in Ethiopia: A systematic review", *Frontiers in Environmental Science* vol. 10, 18 novembre, 2022. https://doi.org/10.3389/fenvs.2022.1026544

"Members of Ethiopian Diaspora Gather at British Home of Former Emperor", Voice of America, 14 gennaio, 2020.

"Sheep population in Africa as of 2020, by country", Statista, 1 agosto, 2022. https://www.statista.com/statistics/1290092/sheep-population-in-africa-by-country/

Shimelis, T., "Spices production and marketing in Ethiopia: A review", *Cogent Food and Agriculture* vol. 7 no. 1, 3 maggio, 2021. https://doi.org/10.1080/23311932.2021.1915558

Temesgen M. Erena, "Oromia: 'Civilisation, Colonisation And Underdevelopment", *Oromia Quarterly*, no.1, luglio 2002.

8. Sitografia

The Common Market for Eastern and Southern Africa, consultato il 21 novembre, 2022. https://www.comesa.int/

"Country Profile: Ethiopia", International Hydropower Association, consultato il 3 dicembre, 2022. https://www.hydropower.org/country-profiles/ethiopia

"EEP History", Ethiopian Electric Power, consultato il 3 dicembre, 2022. https://www.eep.com.et/en/eep-history/

"Ethiopia", CIA World Factbook, consultato il 3 dicembre, 2022. https://www.cia.gov/the-world-factbook/countries/ethiopia/

"Ethiopia", World Population Review, consultato il 8 dicembre, 2022. https://worldpopulationreview.com/countries/ethiopia-population

"Ethiopia Climate and Agriculture", Partnership for Resilience and Preparedness, consultato il 21 novembre, 2022. https://www.prepdata.org/stories/ethiopia-climate-and-agriculture

"Ethiopia Country Commercial Guide", US International Trade Administration, consultato il 3 dicembre, 2022. https://www.trade.gov/country-commercial-guides/ethiopia-healthcare

"EU Market Research – Ethiopia Fresh Fruit and Vegetables", Centre for the Promotion of Imports from developing countries (CBI), dicembre 2020. https://www.cbi.eu/sites/default/files/market_infor mation/researches/2020%20EU%20market%20rese arch%20Ethiopian%20fruit%20and%20vegetables-gecomprimeerd.pdf

"Investing in the Lubricant and petroleum oil business in Ethiopia", Fikadu Asfaw and Associates Law Office, consultato il 3 dicembre, 2022. https://ethiopianlaw.com/

"Opportunities in Petroleum", Ethiopian Ministry of Mines, consultato il 3 dicembre, 2022. http://www.mom.gov.et/index.php/petroleum/petrol eum-opportunities/

"Rice in Ethiopia", The Observatory on Economic Complexity, consultato il 1 dicembre, 2022. https://oec.world/en/profile/bilateral-product/rice/reporter/eth

"Tea in Ethiopia", The Observatory on Economic Complexity, consultato il 21 novembre, 2022. https://oec.world/en/profile/bilateral-product/tea/reporter/eth

"Tourism in Ethiopia", WorldData.info, consultato il 2 dicembre, 2022. https://www.worlddata.info/africa/ethiopia/tourism.php

United Nations Demographic Yearbook Special Census Topics, consultato il 8 dicembre, 2022.

"What drives SDG-9 Industry performance in Ethiopia?", United Nations Industrial Development Organization, consultato il 2 dicembre, 2022. https://iap.unido.org/

9. Strumenti legali

The Federal Government Commercial Registration and Licensing Council of Ministers Regulation No. 13/1997

The Patent Proclamation No. 123/1995

The Copyright and Neighboring Rights Protection Proclamation no. 410/2004

The Trademark Registration and Proclamation No. 501/2006

The Trademark Registration and Protection Regulation No. 273/2012

The Investment Proclamation

The Commercial Registration and Licensing Proclamation No. 980/2016

The Commercial Registration and Licensing Council of Ministers Regulation No. 392/2016

The Federal Income Tax Proclamation No. 979/2016

The Investment Proclamation No. 1180/2020

The Investment Regulation No. 474/2020

The Commercial Code, 2021

The Federal Advocacy Service Licensing and Administration Proclamation, 2021

The Council of Ministers Investment Incentive Regulation No. 517/2022